HAMBURGS SCHIFFE

MIT JAN & JÖRN
AUF GROSSER FAHRT

Ein Erzähl-Sachbuch von Jan Kruse

PUHHH... IST MIR HEISS!

An einem kalten Wintertag, vor gar nicht allzu langer Zeit, kam Pinguin Pip auf einer Eisscholle in den Hamburger Hafen getrieben. Er fühlte sich sofort pinguinwohl. Endlich keine kalten Füße mehr. Und mit Jan, Jörn und der Möwe Fischkopp fand er schnell neue Freunde. Einige Monate sind seitdem vergangen.

METEOR

Es ist Sommer geworden, und alle Hamburger haben gute Laune. Alle bis auf einen: Pip ist es einfach zu heiß. Viel zu heiß! Er fängt an, seine Freunde und das wunderbar kalte Meer der Antarktis zu vermissen, und bekommt schreckliches Heimweh. Als nicht mal Eis und Schwimmbad den Pinguin trösten können, fassen Jan und Jörn einen kühnen Plan: „Wir fahren zusammen in die Antarktis!"

Helgoland

Im Hamburger Hafen machen sie sich auf die Suche nach einem Schiff, das sie mitnehmen könnte. Aber schnell merken sie, dass gerade keins der großen Schiffe im Hafen liegt. „Eine Menge tolle Schiffe, aber ob wir mit denen wirklich bis in die Antarktis kommen?" Jörn hat große Zweifel. Doch da entdeckt Jan, gar nicht weit entfernt, ein großes Segelschiff …

BINNENSCHIFFE

fahren im Gegensatz zu Seeschiffen nicht auf dem Meer, sondern auf Binnengewässern, also Flüssen, Kanälen und Seen. Von Hamburg aus fahren die meisten elbaufwärts und bringen Waren sogar bis nach Tschechien.

Binnenschiff *Hanse*

Traditionsschiff *Schaarhörn*

TRADITIONSSCHIFFE

In Hamburg kann man eine beeindruckende Auswahl an gut erhaltenen alten Schiffen, wie zum Beispiel den über hundert Jahre alten Dampfer *Schaarhörn*, bewundern.

BEHÖRDENSCHIFFE

sind Schiffe, deren Besatzung sich um unsere Wasserstraßen kümmert, denn auch hier muss ja alles glatt laufen. Die Wasserschutzpolizei und die Feuerwehr mit ihren Feuerlöschbooten sind sofort zur Stelle, wenn etwas passiert.

YACHTEN

Eine Yacht ist ein schnelles Freizeitschiff. Mit etwas Glück kann man in Hamburg besonders große Yachten sehen, wie zum Beispiel die 162 Meter lange *Eclipse* des russischen Milliardärs Roman Abramowitsch.

Megayacht *Eclipse*

U-BOOTE

Sogar ein U-Boot gibt es in Hamburg. Das russische U-Boot *U-434* (früher hieß es B-515) ist eines der größten nicht-atomgetriebenen U-Boote der Welt.

U-Boot *U-434*

U-434

POLIZEI

20

HAMBURG

ANTARKTIS

LOTSENBOOTE

Ein Lotse ist ein erfahrener Kapitän, der den Kapitänen der großen Schiffe hilft, sicher im Hafen anzulegen und den Hafen auch wieder sicher zu verlassen. Lotsenboote bringen den Lotsen dafür auf das ein- oder auslaufende Schiff.

Pilot

Lotse3

Lotsenboot *Lotse 3*

HANSE

Binnenschiffe wie die *Hanse* werden meist von einer Familie betrieben, die auf dem Schiff wohnt und oft sogar ihr Auto dabei hat. Toll, oder?

RIVERBUS

Amphibienbus *Hafencity Riverbus*

Mit etwas Glück sieht man in Hamburg auch sehr skurrile Fahrzeuge wie diesen Bus, der nicht nur fahren, sondern auch schwimmen kann.

SCHLEPPSCHIFFE

Hafenschleppschiffe sind sehr wendige kleine Schiffe mit enormer Zugkraft. Ihre Aufgabe ist es, große Schiffe im Hafen zu schleppen, zu drücken und zu schieben und ihnen so beim An- und Ablegen zu helfen.

FAIRPLAY I

Schlepper *Fairplay I*

LOUISIANA STAR

Schaufelraddampfer *Louisiana Star*

SCHAUFELRADDAMPFER

werden mit Kohle angetrieben und waren hauptsächlich im 19. und Anfang des 20. Jahrhunderts im Einsatz. Das Hamburger Modell ist erst zwanzig Jahre alt und hat einen modernen Antrieb. Das Rad und die langen Schornsteine sind nur Dekoration. Trotzdem ziemlich beeindruckend!

FAHRGASTSCHIFFE

sind auf den Transport von Personen spezialisiert. Im Hamburger Hafen befördern Fahrgastschiffe Passagiere auf Fährlinien, Hafenbesichtigungs- und Freizeittouren. Der *Halunder Jet*, die neue schnelle Fähre nach Helgoland, ist ein Katamaran, also ein Boot mit zwei Rümpfen, die fest miteinander verbunden sind.

HELGA EHLERS

Barkasse *Helga Ehlers*

Linien-Fahrgastschiff *Tollerort*

Linien-Fahrgastschiff *Halunder Jet*

GROSSSEGLER

Ein Großsegler ist ein mehrmastiges Segelschiff, das hauptsächlich Rahsegel hat. Das sind rechteckige Segel, die an einem Rundholz (Rah) aufgehängt sind. Vor Erfindung der Motorschiffe übernahmen diese Schiffe fast den gesamten Transport von Waren auf den Weltmeeren und legten weite Strecken zurück. Heute werden sie nur noch als Segelschulschiffe oder für Touristen eingesetzt. Die *Rickmer Rickmers* und die *Peking* gehören zu den schnellsten und größten Segelschiffen, die je gebaut wurden.

MASTBRUCH IM STURM

Vor über hundert Jahren verlor die *Rickmer Rickmers* in einem Sturm im Indischen Ozean ihren hinteren Mast, der damals wie die beiden vorderen aussah. Die Besatzung kam gerade noch bis nach Kapstadt (Südafrika), wo der Mast ersetzt wurde.

„Hier ist ja ordentlich was los! Da wird die Fahrt in die Antarktis auf keinen Fall langweilig", freut sich Jörn. „Dass die *Rickmer Rickmers* auch wilde Stürme und riesige Wellen überstehen kann, hat sie schon oft bewiesen."

DIE RICKMER RICKMERS

liegt als Museumsschiff im Hamburger Hafen. Auf ihren ersten Reisen vor 120 Jahren holte sie Reis und Bambus aus China, später brachte sie zum Beispiel Kohle nach Chile oder diente als Segelschulschiff in Portugal. Vor vierzig Jahren wurde sie nach Hamburg zurückgeholt und restauriert.

Baujahr: 1896, Länge: 97 Meter, Breite: 12 Meter

AHOI JÖRN!

HAHA!

WALTRAUT

RICKMER RICKMERS

21 MANN BESATZUNG

Die Besatzung bestand aus dem Kapitän, zwei Steuerleuten, jeweils einem Koch, Zimmermann, Segelmacher und einem Donkeyman (der die Hilfsdampfmaschine bediente), außerdem aus vierzehn Matrosen und vier Schiffsjungen.

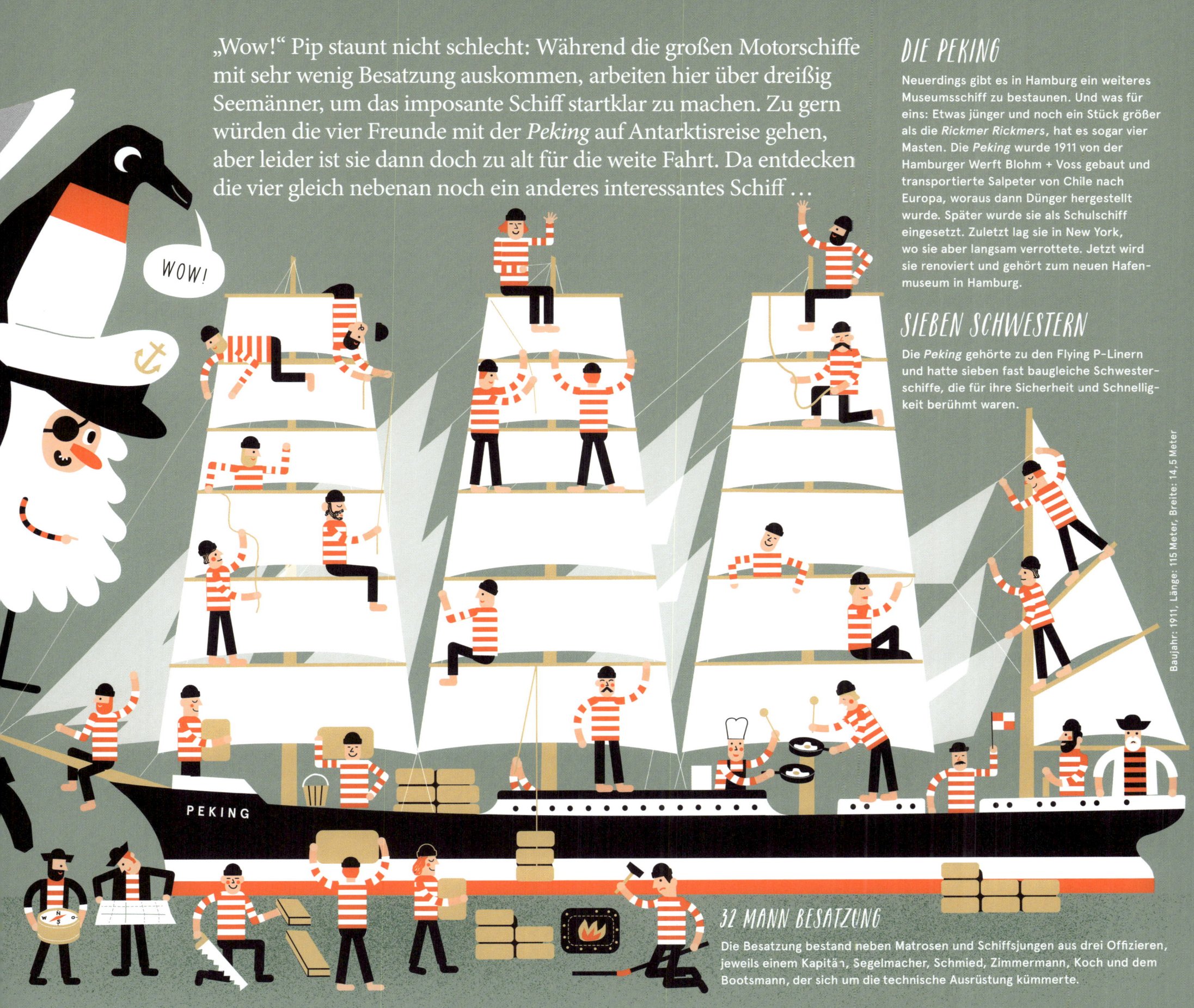

„Wow!" Pip staunt nicht schlecht: Während die großen Motorschiffe mit sehr wenig Besatzung auskommen, arbeiten hier über dreißig Seemänner, um das imposante Schiff startklar zu machen. Zu gern würden die vier Freunde mit der *Peking* auf Antarktisreise gehen, aber leider ist sie dann doch zu alt für die weite Fahrt. Da entdecken die vier gleich nebenan noch ein anderes interessantes Schiff …

DIE PEKING

Neuerdings gibt es in Hamburg ein weiteres Museumsschiff zu bestaunen. Und was für eins: Etwas jünger und noch ein Stück größer als die *Rickmer Rickmers*, hat es sogar vier Masten. Die *Peking* wurde 1911 von der Hamburger Werft Blohm + Voss gebaut und transportierte Salpeter von Chile nach Europa, woraus dann Dünger hergestellt wurde. Später wurde sie als Schulschiff eingesetzt. Zuletzt lag sie in New York, wo sie aber langsam verrottete. Jetzt wird sie renoviert und gehört zum neuen Hafenmuseum in Hamburg.

SIEBEN SCHWESTERN

Die *Peking* gehörte zu den Flying P-Linern und hatte sieben fast baugleiche Schwesterschiffe, die für ihre Sicherheit und Schnelligkeit berühmt waren.

Baujahr: 1911, Länge: 115 Meter, Breite: 14,5 Meter

32 MANN BESATZUNG

Die Besatzung bestand neben Matrosen und Schiffsjungen aus drei Offizieren, jeweils einem Kapitän, Segelmacher, Schmied, Zimmermann, Koch und dem Bootsmann, der sich um die technische Ausrüstung kümmerte.

STÜCKGUTSCHIFFE

transportieren fast alle Arten von Stückgütern, also einzelne Sachen, vom Elefanten über gekühltes Obst bis zu großen Maschinen auf nur einem Schiff. Dafür haben sie Zwischendecks, mehrere Ladeluken und meistens sogar für jede Ladeluke ein eigenes Ladegeschirr. Früher waren sie die wichtigsten Schiffe für den Warentransport auf den Weltmeeren. In den 1950er Jahren bekamen sie dann immer mehr Konkurrenz. Vor allem die Containerschiffe übernahmen viele Aufgaben der Stückgutschiffe.

DAS LADEGESCHIRR

sind Einrichtungen an Deck, mit denen Schiffe be- und entladen werden und die früher auf Stückgutschiffen verwendet wurden. Bei der *Cap San Diego* sind es drei Hauptmasten mit je vier Ladebäumen pro Mast. Könnt ihr sie entdecken? Die Ladung wurde an Drähten und Seilen mithilfe von Winden angehoben. Seit den 1980er Jahren haben Kräne das Ladegeschirr komplett ersetzt.

„Hey Jörn ... guck dir das an. Auf diesem Kahn lässt sich ja fast alles transportieren. Da kriegt Pip auch die vielen Geschenke für seine Familie unter. Und zu Essen können wir auch ordentlich mitnehmen. Ich habe gehört, das Schiff hat sogar einen Pool. Das wird ein Spaß!" Pip ist sofort begeistert und sieht schon die Schlagzeilen in den *Südpolnachrichten* vor sich: „Pip – der erste Pinguin im Porsche am Pol!"

Baujahr: 1961, Länge: 159 Meter, Breite: 21,5 Meter

AUS SÜDAMERIKA...

brachte die *Cap San Diego* unter anderem Obst, Kaffee, Fleisch und sogar Fruchtsaft mit. Kühlräume dienten dazu, dass alles auf der langen Fahrt frisch gehalten werden konnte. Heute wird solche Fracht fast ausschließlich in Kühlcontainern auf Containerschiffen transportiert.

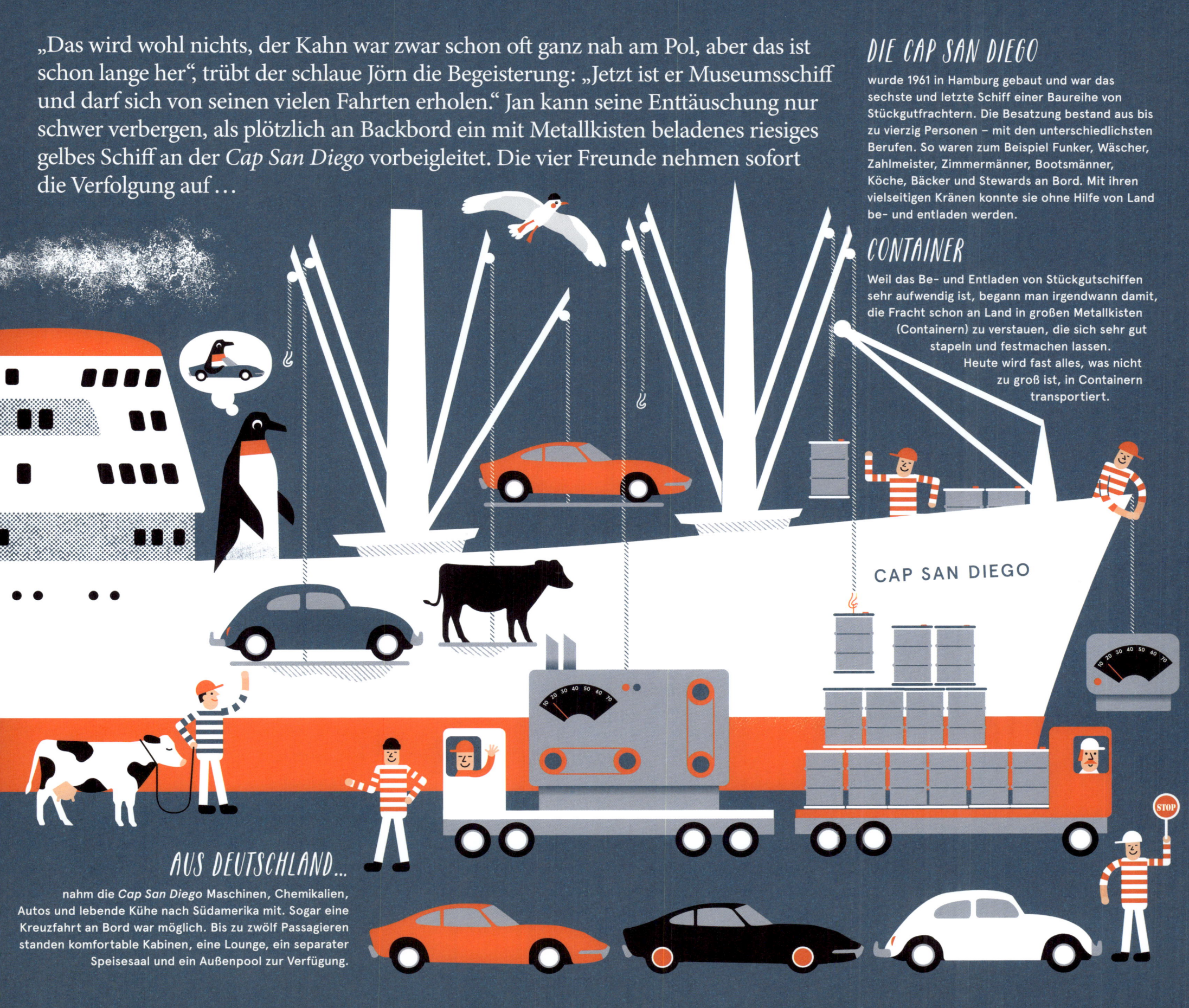

„Das wird wohl nichts, der Kahn war zwar schon oft ganz nah am Pol, aber das ist schon lange her", trübt der schlaue Jörn die Begeisterung: „Jetzt ist er Museumsschiff und darf sich von seinen vielen Fahrten erholen." Jan kann seine Enttäuschung nur schwer verbergen, als plötzlich an Backbord ein mit Metallkisten beladenes riesiges gelbes Schiff an der *Cap San Diego* vorbeigleitet. Die vier Freunde nehmen sofort die Verfolgung auf …

DIE CAP SAN DIEGO

wurde 1961 in Hamburg gebaut und war das sechste und letzte Schiff einer Baureihe von Stückgutfrachtern. Die Besatzung bestand aus bis zu vierzig Personen – mit den unterschiedlichsten Berufen. So waren zum Beispiel Funker, Wäscher, Zahlmeister, Zimmermänner, Bootsmänner, Köche, Bäcker und Stewards an Bord. Mit ihren vielseitigen Kränen konnte sie ohne Hilfe von Land be- und entladen werden.

CONTAINER

Weil das Be- und Entladen von Stückgutschiffen sehr aufwendig ist, begann man irgendwann damit, die Fracht schon an Land in großen Metallkisten (Containern) zu verstauen, die sich sehr gut stapeln und festmachen lassen. Heute wird fast alles, was nicht zu groß ist, in Containern transportiert.

CAP SAN DIEGO

AUS DEUTSCHLAND...

nahm die *Cap San Diego* Maschinen, Chemikalien, Autos und lebende Kühe nach Südamerika mit. Sogar eine Kreuzfahrt an Bord war möglich. Bis zu zwölf Passagieren standen komfortable Kabinen, eine Lounge, ein separater Speisesaal und ein Außenpool zur Verfügung.

RORO-SCHIFFE

RoRo-Schiffe sind spezialisiert auf rollende Ladung. Der Begriff kommt aus dem Englischen: roll on, roll off (rauf- und runterrollen). Die Schiffe haben oft hinten, vorn und an der Seite Klappen, durch die die Fahrzeuge über Rampen auf das Schiff fahren können. Im Inneren hat das Schiff Decks wie ein Parkhaus, die sogar höhenverstellbar sind.

Flussabwärts holen sie das Schiff mit dem Namen *Grande Africa* ein. Als sie es näher betrachten können, trauen sie ihren Augen kaum: „Was ist denn hier los?", ruft Jan. Alles, was nur irgendwie rollen kann, scheint sich hier versammelt zu haben und wartet darauf, über eine Rampe in den Bauch des Schiffes zu fahren.

Baujahr: 1998, Länge: 214 Meter, Breite: 32 Meter

ESSEN!

HIER!

GRIMA

STOP!

CONRO-SCHIFFE, FÄHRSCHIFFE UND AUTOTRANSPORTER ...

Sie alle sind RoRo-Schiffe. ConRo-Schiffe sind wahre Multitalente, denn neben rollender Ladung können sie an Deck auch Container und Stückgut mitnehmen und haben dafür meistens eigene Kräne. Den Autotransportern fehlen Containerdeck und Kräne, denn sie sind ganz auf Autos spezialisiert. Die schwimmenden Parkhäuser, die in Hamburg anlegen, können bis zu 8.000 Autos mitnehmen. Wenn ihr schon mal mit einem Auto oder sogar einem Zug auf ein Schiff gefahren seid, dann war das sicher ein Fährschiff. Die nehmen außer Fahrzeugen auch Fahrgäste mit und fahren zum Beispiel zu den Nord- und Ostseeinseln oder überqueren große Flüsse.

„Toll! Viele schöne Autos für meine ganze Familie. Da müssen wir bei der Kälte am Pol nicht mehr ständig zu Fuß laufen", freut sich Pip. „Aber du wolltest doch unbedingt auch noch eins der prächtigen Hamburger Häuser mitnehmen", erinnert Jörn Pip an seine großen Pläne. „Um ein ganzes Haus auf ein Schiff zu laden, brauchst du schon ein ganz spezielles Schiff. Und ich weiß, wo wir das finden."

ALLES, WAS ROLLT ...

Neben Autos, Lastwagen, Baumaschinen, Bussen und anderen Fahrzeugen, die selbst auf das Schiff fahren können, werden sogar Boote, Züge und große Maschinen auf Anhängern mitgenommen. Bis zu 2.500 Autos und Lieferwagen passen auf ein Schiff dieser Baureihe. Die *Grande Africa* soll neue Fahrzeuge nach Südamerika bringen und bei einem Zwischenstopp in Afrika auch noch gebrauchte dort abliefern.

KAUM ZU GLAUBEN ...

Schon vor fast 900 Jahren gab es Schiffe, die mit ähnlichen Toren ausgestattet waren, durch die Reiter und Fußvolk auf das Schiff gelangten. Waren alle an Bord, mussten die Tore allerdings gut abgedichtet werden, denn während der Fahrt lagen sie häufig unter Wasser.

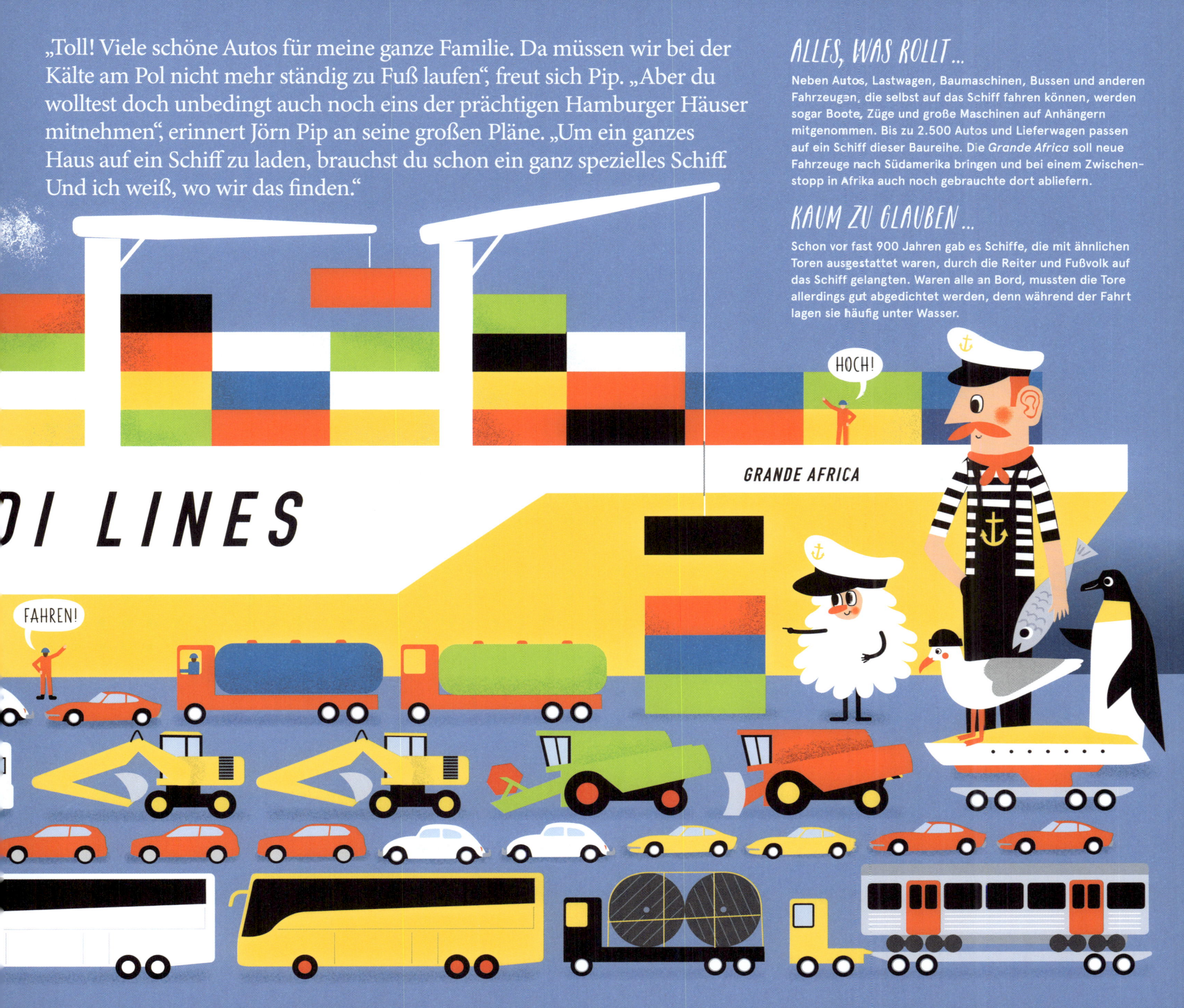

MEHRZWECKSCHIFFE

sind Frachtschiffe, die verschiedene Ladungen wie zum Beispiel Stückgut, Schüttgut, Container und sogar Gefahrgut befördern können. Einige haben eigene Kräne an Bord, brauchen also zum Be- und Entladen die Hafenanlagen nicht. Auch Arbeitsschiffe, die unterschiedliche Aufgaben erfüllen, bezeichnet man als Mehrzweckschiffe. Diese Alleskönner sind zum Beispiel gleichzeitig Feuerwehr, Polizei, Schlepper und Eisbrecher und helfen überall, wo sie gebraucht werden.

SCHWERGUTSCHIFFE

sind für den Transport besonders großer und schwerer Dinge gebaut. Damit der Kapitän trotzdem gute Sicht hat, sind die Decksaufbauten oft vorn auf dem Schiff zu finden. Die Ladung muss von der Mannschaft besonders sorgfältig festgemacht werden, damit sie bei hoher See nicht über Bord geht.

ZZZZ

SCHIEBEN!

HEY!

SAL

STOP!

Baujahr: 2010, Länge: 160 Meter, Breite: 28 Meter

DIE STÄRKSTEN TURMDREHKRÄNE

der Welt sind momentan die Kräne der beiden Schwergut-schiffe *Svenja* und *Lone* des *Schiffahrtskontors Altes Land* (SAL). Gebaut wurden die nahezu baugleichen Schiffe, die jeweils über zwei dieser Kräne mit einer Tragfähigkeit von 1.000 Tonnen verfügen, von der Hamburger Sietas-Werft. Jeder dieser Kräne könnte fünfzig voll besetzte Schulbusse heben.

Auf dieses Schiff passt tatsächlich alles, was Pip mitnehmen möchte. Ein schönes Hamburger Haus, ein Leuchtturm, ein Porsche, ein Baum und am wichtigsten: seine Freundin, die Walrossdame Pomposa, die er bei einem Besuch im Tierpark Hagenbeck kennengelernt hat. „Aus dem Weg!", ruft ein Arbeiter, und Jan und Jörn springen zur Seite. Plötzlich stehen sie im matschigen Hafenbecken …

KAUM ZU GLAUBEN…

Vor Kurzem wurden vier neue, 130 Meter hohe Containerbrücken komplett fertig montiert auf einem umgebauten Tankschiff von China nach Hamburg gebracht. Die Reise der zusammen 10.000 Tonnen schweren Kräne dauerte acht Wochen. Das Schiff konnte nur bei Niedrigwasser einlaufen, weil die Kräne sonst an den Hochspannungsleitungen über der Elbe hängengeblieben wären.

BAGGERSCHIFFE

Im Hamburger Hafen und der Elbe sind fast rund um die Uhr Baggerschiffe im Einsatz, damit der Fluss die nötige Wassertiefe für die großen Schiffe hat. Es handelt sich dabei meistens um Saugbagger, die wie riesige Staubsauger funktionieren und Ablagerungen vom Grund aufsaugen. Den aufgenommenen Boden befördern sie in den Schiffsrumpf, um ihn später an einem anderen Ort wieder abzulassen.

„Puh, wie das mieft!" Den beiden wird ganz duselig. Neben ihnen macht sich ein seltsames Schiff mit einem Riesensauger gerade daran, den Hafenboden abzusaugen. Das schlammige Gemisch aus Sand, Algen, alten Pflanzen und anderem Zeug wandert geradewegs durch ein Rohr in den gewaltigen Schiffsbauch.

Baujahr: 2013, Länge: 148 Meter, Breite: 30 Meter

DAS PROBLEM

In Hamburg wird seit Jahren darüber gestritten, welche Folgen das Ausbaggern von Hafen und Elbe für die Umwelt hat. Umweltschützer kritisieren, dass dadurch seltene Tiere und Pflanzen gefährdet werden. Nach langem Streit vor Gericht wird im Moment die neunte Elbvertiefung durchgeführt. Vor der ersten Elbvertiefung vor 200 Jahren war die Elbe etwa drei bis fünf Meter tief, heute sind es ungefähr 15 bis 17 Meter, und nach der neunten Vertiefung werden es zwischen 17 und 19 Meter sein.

DER SAUGER

Ein sogenannter Schleppkopf saugt ein Boden-Wasser-Gemisch auf und pumpt es in die Laderäume des Schiffes. Das Wasser dient dabei nur dazu, die Bodenablagerungen zu transportieren. Noch bevor es ins Schiff gelangen kann, fließt es fast vollständig wieder ab.

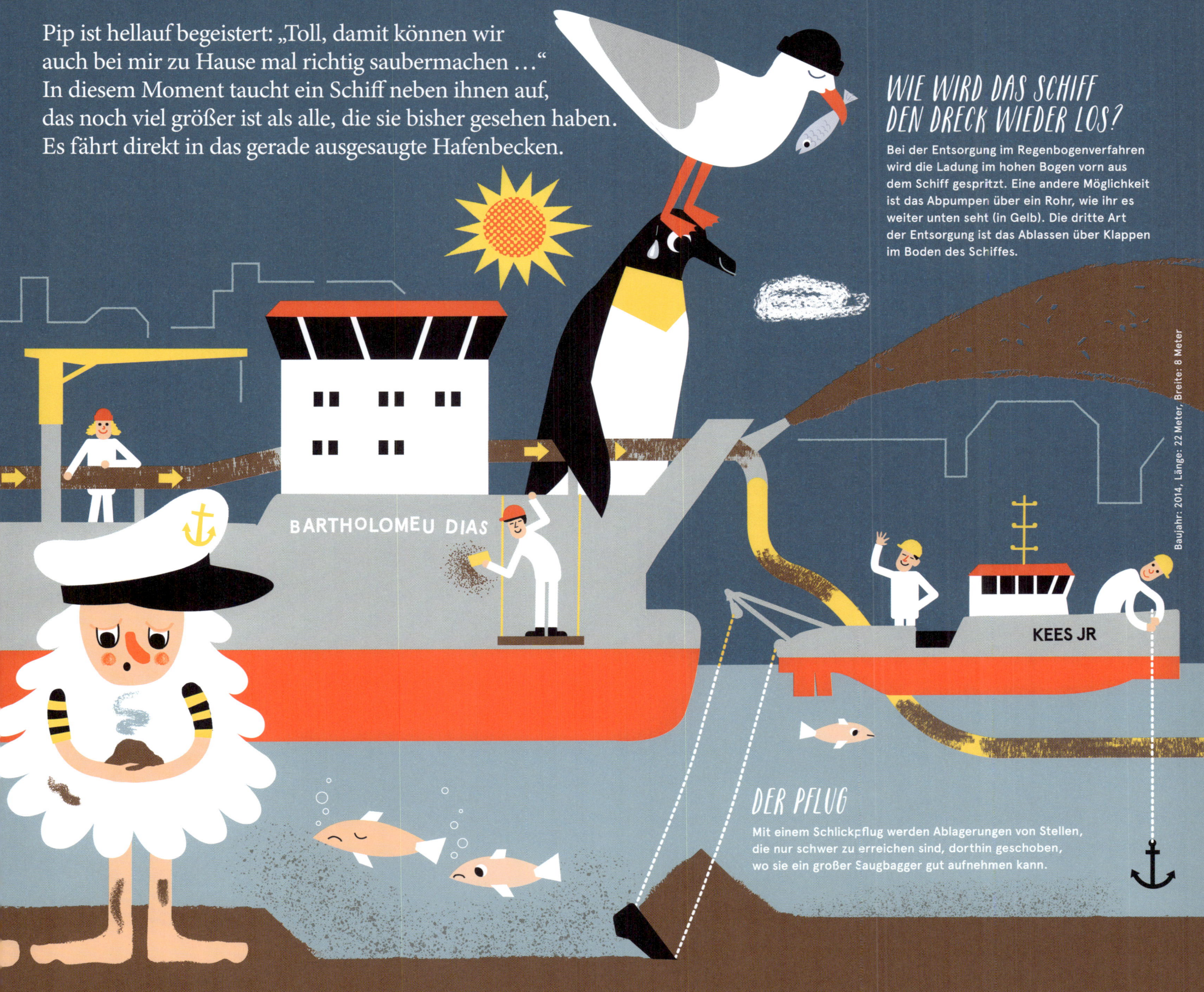

Pip ist hellauf begeistert: „Toll, damit können wir auch bei mir zu Hause mal richtig saubermachen …" In diesem Moment taucht ein Schiff neben ihnen auf, das noch viel größer ist als alle, die sie bisher gesehen haben. Es fährt direkt in das gerade ausgesaugte Hafenbecken.

WIE WIRD DAS SCHIFF DEN DRECK WIEDER LOS?

Bei der Entsorgung im Regenbogenverfahren wird die Ladung im hohen Bogen vorn aus dem Schiff gespritzt. Eine andere Möglichkeit ist das Abpumpen über ein Rohr, wie ihr es weiter unten seht (in Gelb). Die dritte Art der Entsorgung ist das Ablassen über Klappen im Boden des Schiffes.

BARTHOLOMEU DIAS

KEES JR

Baujahr: 2014, Länge: 22 Meter, Breite: 8 Meter

DER PFLUG

Mit einem Schlickpflug werden Ablagerungen von Stellen, die nur schwer zu erreichen sind, dorthin geschoben, wo sie ein großer Saugbagger gut aufnehmen kann.

CONTAINERSCHIFFE

sind Schiffe, die für den Transport von Containern (Metallboxen) optimiert sind. Die Größe der Container ist weltweit genormt. Das vereinfacht das Be- und Entladen und den Weitertransport sehr, so dass diese Schiffe weit verbreitet sind. Die Container sind etwa 2,4 Meter breit und entweder 6 oder 12 Meter lang. Inzwischen gibt es auch Sondermaße und -formen wie zum Beispiel die Schwerlast- und die Kühlcontainer.

„Was ist denn bloß in diesen vielen Metallkisten?", fragt Pip neugierig. „Fast alles, was du dir vorstellen kannst: Spielzeug, Klamotten, Obst, Kaffee, Maschinen. Einfach alles, was nicht zu groß ist", erklärt Jörn. Schneller als die vier gucken können, werden die Container mit einem großen Kran von Bord gehoben. Gerade wollen die Freunde eine Pause machen, als sie auf ein paar kuriose Schiffe nebenan aufmerksam werden …

In den Häfen kommen sogenannte Lascher an Bord, die die Container sichern und nach der Ankunft wieder entsichern.

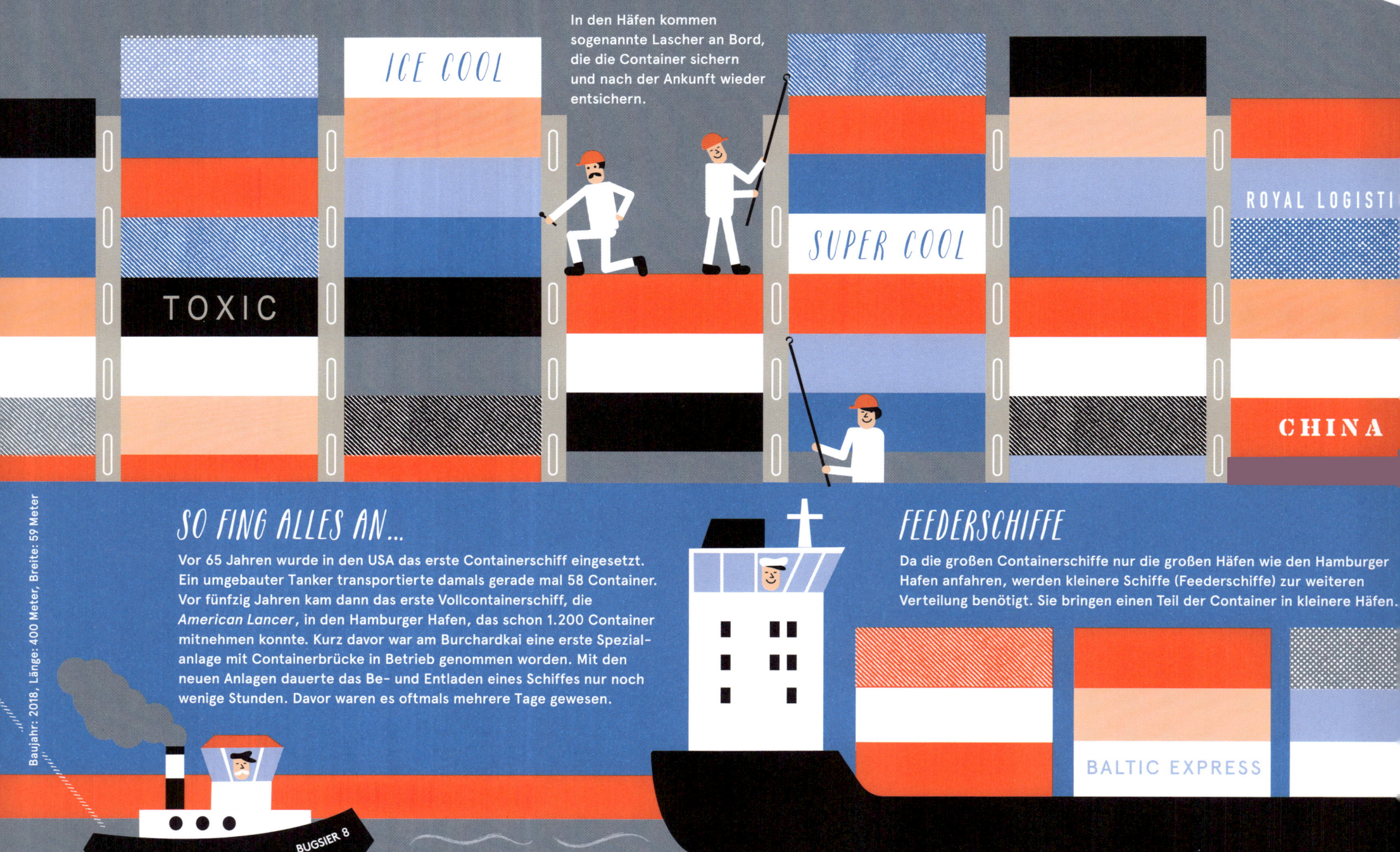

ICE COOL

TOXIC

SUPER COOL

ROYAL LOGISTI

CHINA

SO FING ALLES AN…

Vor 65 Jahren wurde in den USA das erste Containerschiff eingesetzt. Ein umgebauter Tanker transportierte damals gerade mal 58 Container. Vor fünfzig Jahren kam dann das erste Vollcontainerschiff, die *American Lancer*, in den Hamburger Hafen, das schon 1.200 Container mitnehmen konnte. Kurz davor war am Burchardkai eine erste Spezialanlage mit Containerbrücke in Betrieb genommen worden. Mit den neuen Anlagen dauerte das Be- und Entladen eines Schiffes nur noch wenige Stunden. Davor waren es oftmals mehrere Tage gewesen.

FEEDERSCHIFFE

Da die großen Containerschiffe nur die großen Häfen wie den Hamburger Hafen anfahren, werden kleinere Schiffe (Feederschiffe) zur weiteren Verteilung benötigt. Sie bringen einen Teil der Container in kleinere Häfen.

BALTIC EXPRESS

BUGSIER 8

Baujahr: 2018, Länge: 400 Meter, Breite: 59 Meter

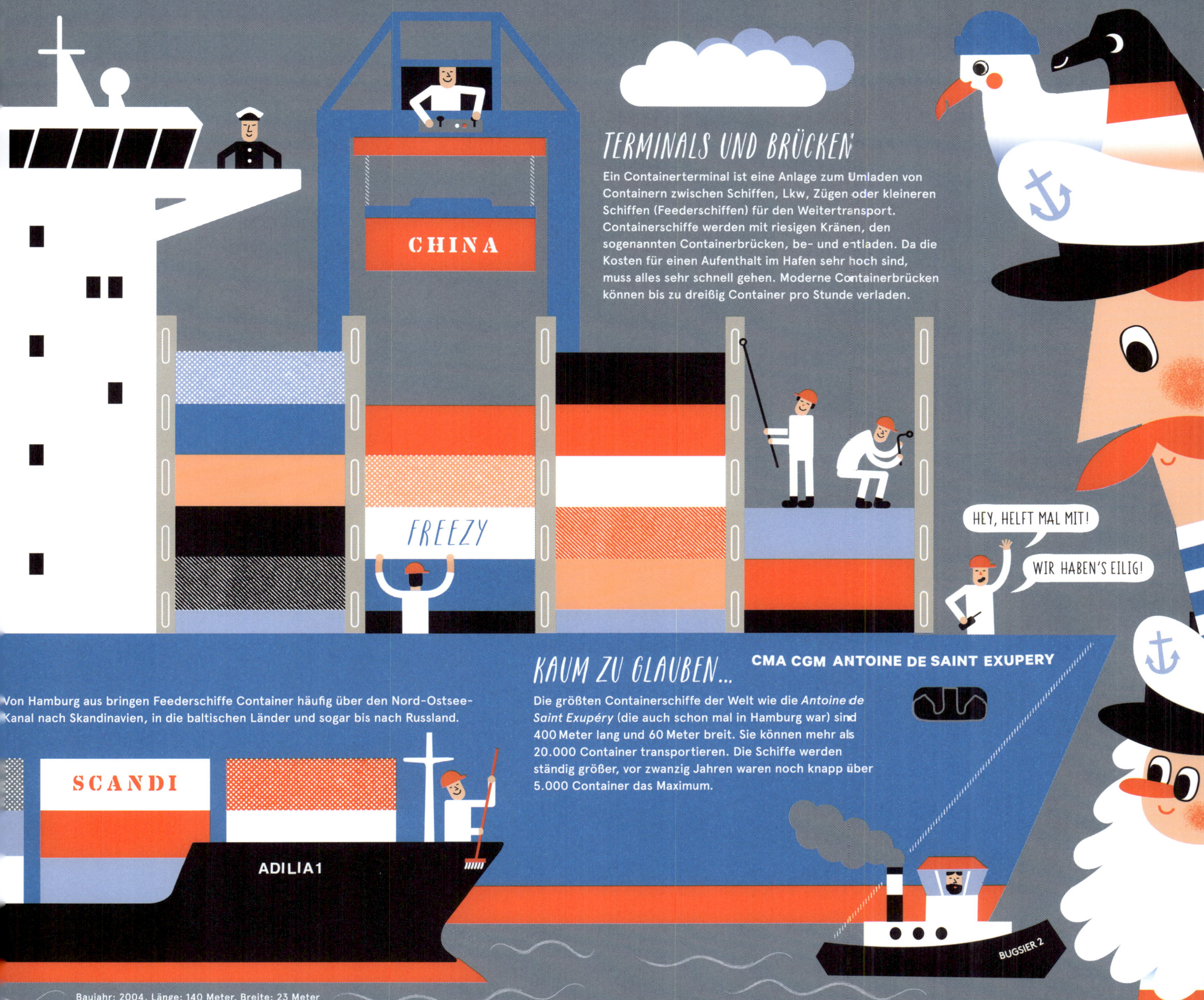

TERMINALS UND BRÜCKEN

Ein Containerterminal ist eine Anlage zum Umladen von Containern zwischen Schiffen, Lkw, Zügen oder kleineren Schiffen (Feederschiffen) für den Weitertransport. Containerschiffe werden mit riesigen Kränen, den sogenannten Containerbrücken, be- und entladen. Da die Kosten für einen Aufenthalt im Hafen sehr hoch sind, muss alles sehr schnell gehen. Moderne Containerbrücken können bis zu dreißig Container pro Stunde verladen.

CHINA

FREEZY

HEY, HELFT MAL MIT!

WIR HABEN'S EILIG!

KAUM ZU GLAUBEN...   CMA CGM ANTOINE DE SAINT EXUPERY

Die größten Containerschiffe der Welt wie die *Antoine de Saint Exupéry* (die auch schon mal in Hamburg war) sind 400 Meter lang und 60 Meter breit. Sie können mehr als 20.000 Container transportieren. Die Schiffe werden ständig größer, vor zwanzig Jahren waren noch knapp über 5.000 Container das Maximum.

Von Hamburg aus bringen Feederschiffe Container häufig über den Nord-Ostsee-Kanal nach Skandinavien, in die baltischen Länder und sogar bis nach Russland.

SCANDI

ADILIA1

BUGSIER 2

Baujahr: 2004, Länge: 140 Meter, Breite: 23 Meter

DRACHENSCHIFFE

Schon vor 2.500 Jahren gab es in Asien Boote, die in ihrer Form und Bemalung an Drachen erinnerten und deshalb Drachenboote genannt wurden. 1.500 Jahre später waren es lange und besonders prächtige Wikingerschiffe mit dem Aussehen von Drachen, die man als Drachenschiffe bezeichnete. Heute forschen Ingenieure an neuen Antriebstechniken für Schiffe. Auch dabei spielen Drachen eine große Rolle. Allerdings sind es Flugdrachen, wie sie zum Beispiel beim Kitesurfen verwendet werden. Schon vor über 15 Jahren hatte ein Hamburger die sehr findige Idee, Drachen zum Antrieb von Schiffen zu nutzen. So spart man Kosten für den Treibstoff und schützt die Umwelt, die durch Abgase von Schiffen stark belastet wird.

Es handelt sich um vier Schiffe, die alle etwas mit „Drachen" zu tun zu haben scheinen. „Komm, wir machen eine Wettfahrt. Dein altes Wikingerboot hänge ich locker ab. Guck dir mal meinen Drachen an!", ruft Jörn. Sein Schiff transportiert Flugzeugteile, und der große Drachen vorn am Schiff macht es noch ein wenig schneller.

WIKINGER-DRACHENSCHIFFE

Dass solche Schiffe in Hamburg auf der Elbe zu sehen waren, liegt schon über tausend Jahre zurück. Da überfielen die Wikinger mit diesen Langbooten die Hammaburg, also die Festung, aus der sich Hamburg entwickelte. Die prächtigsten und größten Schiffe der Wikinger wurden wegen ihres Drachenkopfes als Drachenschiffe, Meerdrachen oder einfach Drachen bezeichnet.

GGGRRRR!

DRITTER!

FEUERDRACHE

CHINESISCHE DRACHENBOOTE

Typisch für diese langen, offenen Paddelboote sind die bunte Bemalung und die Schnitzarbeiten sowie der dekorative Drachenkopf und -schwanz. Manchmal könnt ihr moderne Versionen auf der Alster paddeln sehen, denn die Boote werden heute weltweit als Sportboote oder bei Veranstaltungen verwendet.

L D

Airbus

Baujahr: 2004, Länge: 12,5 Meter, Breite: 1,2 Meter

Baujahr: 2008, Länge: 126,5 Meter, Breite: 20,5 Meter

In diesem Moment saust Fischkopp mit einer Yacht an ihm vorbei. Das Deck ist komplett mit Solarzellen beklebt, und Sonne und Wind bringen das Schiff ganz schön in Fahrt. Pinguin Pip ist schon nach kurzer Paddeltour völlig erschöpft. „Lasst uns doch lieber mit einem Schiff fahren, auf dem wir uns ausruhen können. Guckt doch mal da drüben …"

ERSTER!

RACE FOR WATER

Baujahr: 2010, Länge: 30 Meter, Breite: 15 Meter

MODERNE DRACHENSCHIFFE

Was ein wenig wie ein Raumschiff aussieht, ist ein Katamaran, der durch an Deck installierte Solarzellen und einen in Hamburg entwickelten Zugdrachen angetrieben wird. Dieser Drachen fliegt in einer Höhe von 100 bis 150 Metern und nutzt die stärkeren und immer vorhandenen Winde in dieser Höhe. Eine Gondel am Drachen, die den Autopiloten enthält, steuert den Drachen in Form einer 8, weil so der stärkste Antrieb erzeugt wird. 2017 hat die *Race for Water* nur mit der Energie von Sonne und Wind den Atlantik überquert.

ZWEITER!

CITY OF HAMBURG

on board

KAUM ZU GLAUBEN...

Nicht nur Yachten, sondern auch große Frachtschiffe lassen sich mit einem Flugdrachen antreiben. Die Flugzeugfirma *Airbus* will sie jetzt für ihre vier Schiffe einsetzen, die Flugzeugteile zwischen Amerika, China und Europa transportieren. Die Drachen sind mit tausend Quadratmeter Fläche wesentlich größer und fliegen viel höher als die der kleineren Yachten. Sie werden als Ergänzung zum normalen Diesel-Elektro-antrieb genutzt und sollen bis zu zwanzig Prozent Kraftstoff einsparen. Da große Schiffe meist mit Schweröl fahren und damit die Umwelt stark belasten, wäre es gut, wenn der zusätzliche Antrieb per Flug-drachen bald häufiger eingesetzt wird.

KREUZFAHRTSCHIFFE

In Hamburg starten viele Kreuzfahrtschiffe ihre Reise. Viele von den weltweit größten Schiffen dieser Art waren im Hamburger Hafen zu Besuch. Die Ankunft der *Queen Mary* wird seit Jahren wie ein Volksfest gefeiert. Die größten der Reiseschiffe, wie zum Beispiel die ganz neue *AIDAnova*, haben über 5.000 Menschen an Bord. Vor über 120 Jahren erfand der Hamburger Albert Ballin die Luxus-Kreuzfahrt, eine Urlaubsfahrt mit viel Komfort.

EIN SCHIFF, DAS MIT GAS FÄHRT

Kaum zu glauben, aber solch ein riesiges Schiff kann mit Gas, also im Grunde mit „Luft" fortbewegt werden. Bisher wurden fast alle großen Seeschiffe mit einem Gemisch aus Schweröl und Dieselöl betrieben, wodurch sehr viele giftige Stoffe in die Luft gepustet werden. Kleinere Schiffe nutzen häufig das etwas weniger umweltschädliche, aber teurere Marinedieselöl. Die *AIDAnova* ist das erste Kreuzfahrtschiff, das komplett mit umweltfreundlichem Flüssiggas betrieben werden kann.

WAS KOMMT DA EIGENTLICH RAUS?

Schiffe stoßen große Mengen an Treibhausgasen und Schadstoffen aus und sind deshalb mitverantwortlich für Klimaerwärmung und Luftverschmutzung. Seit Kurzem werden immer mehr große Schiffe mit Flüssiggas statt mit Schweröl betrieben, was den Schadstoffausstoß stark senkt.

Baujahr: 2018, Länge: 337 Meter, Breite: 42 Meter

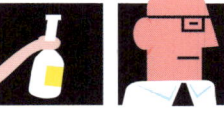

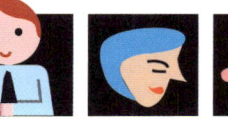

Die vier haben Glück! Auf der *AIDAnova* sind noch vier Plätze frei. Nun endlich geht die große Reise los. Nachdem sie das leckere Fischbuffet fast allein verdrückt haben, machen sie sich daran, das Schiff zu erkunden. Was für ein Trubel! Schon nach kurzer Zeit haben sie sich verlaufen. *Kannst du sie irgendwo entdecken?* Nachdem sie schon einige Stunden unterwegs sind, fahren sie auf der Nordsee an einigen ganz besonderen Schiffen vorbei …

EINE SCHWIMMENDE STADT

Ein Kreuzfahrtschiff wie die *AIDAnova* ist im Grunde ein riesiges Hotel. 1.500 Leute arbeiten hier, um 5.000 Gäste zu versorgen und zu unterhalten. Es gibt Fitnessbereiche, einen Minigolfplatz, Schwimmbäder, Kletterwände, Saunen, Bars, Theater- und Musikbühnen – und sage und schreibe 17 Restaurants.

URLAUB AUF DEM SCHIFF

Lange Zeit waren Passagierschiffe die einzigen Verkehrsmittel, um in Länder zu gelangen, die durch Ozeane oder Meere getrennt sind. Mit der Erfindung des Flugzeugs nahm die Bedeutung von Passagierschiffen ab. In den letzten Jahren wurde der „Urlaub auf dem Schiff" aber wieder beliebter, und es sind viele neue Schiffe gebaut worden.

AIDAnova

SPEZIALSCHIFFE

Spezialschiffe sind häufig Arbeitsschiffe, die für ganz spezielle Aufgaben konstruiert werden. Für den Bau von Offshore-Windkraftanlagen und ihre Wartung sind besonders viele Spezialschiffe nötig. Da in den letzten Jahren immer größere und weiter von der Küste entfernt liegende Windparks gebaut wurden, müssen diese Schiffe immer noch schwierigere Anforderungen erfüllen. Zu den wichtigsten Schiffstypen gehören Errichterschiffe, Kabelverlegeschiffe, Vermessungsschiffe, Baggerschiffe und Serviceschiffe.

„Was ist denn hier los? Eine Baustelle mitten in der Nordsee?" Die vier Freunde staunen nicht schlecht, als sie das wuselige Treiben erblicken. Ein Schiff auf Stelzen, eins mit riesigen Kabeltrommeln und eins, das aussieht wie ein Fisch.

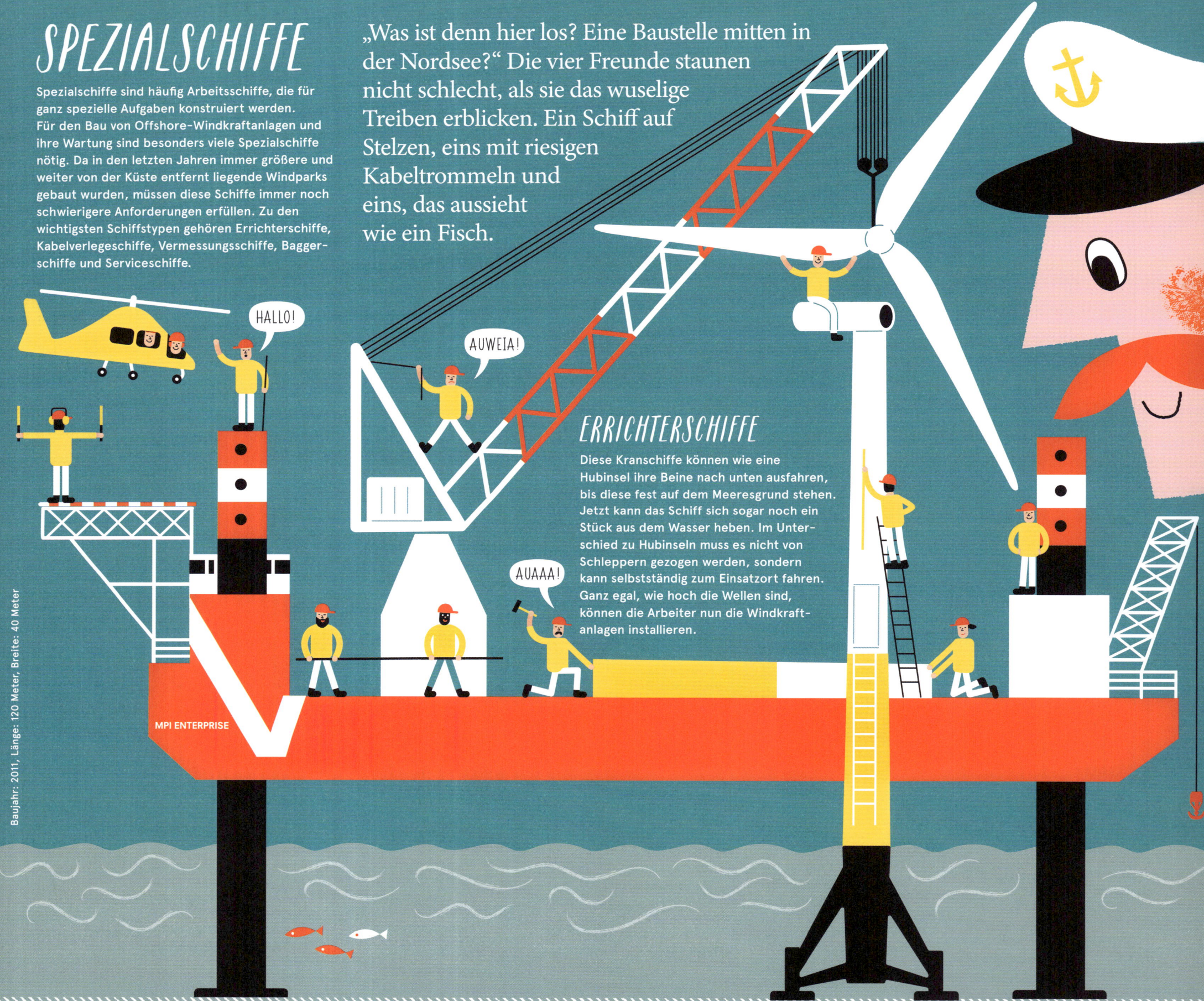

HALLO!

AUWEIA!

AUAAA!

ERRICHTERSCHIFFE

Diese Kranschiffe können wie eine Hubinsel ihre Beine nach unten ausfahren, bis diese fest auf dem Meeresgrund stehen. Jetzt kann das Schiff sich sogar noch ein Stück aus dem Wasser heben. Im Unterschied zu Hubinseln muss es nicht von Schleppern gezogen werden, sondern kann selbstständig zum Einsatzort fahren. Ganz egal, wie hoch die Wellen sind, können die Arbeiter nun die Windkraftanlagen installieren.

MPI ENTERPRISE

Baujahr: 2011, Länge: 120 Meter, Breite: 40 Meter

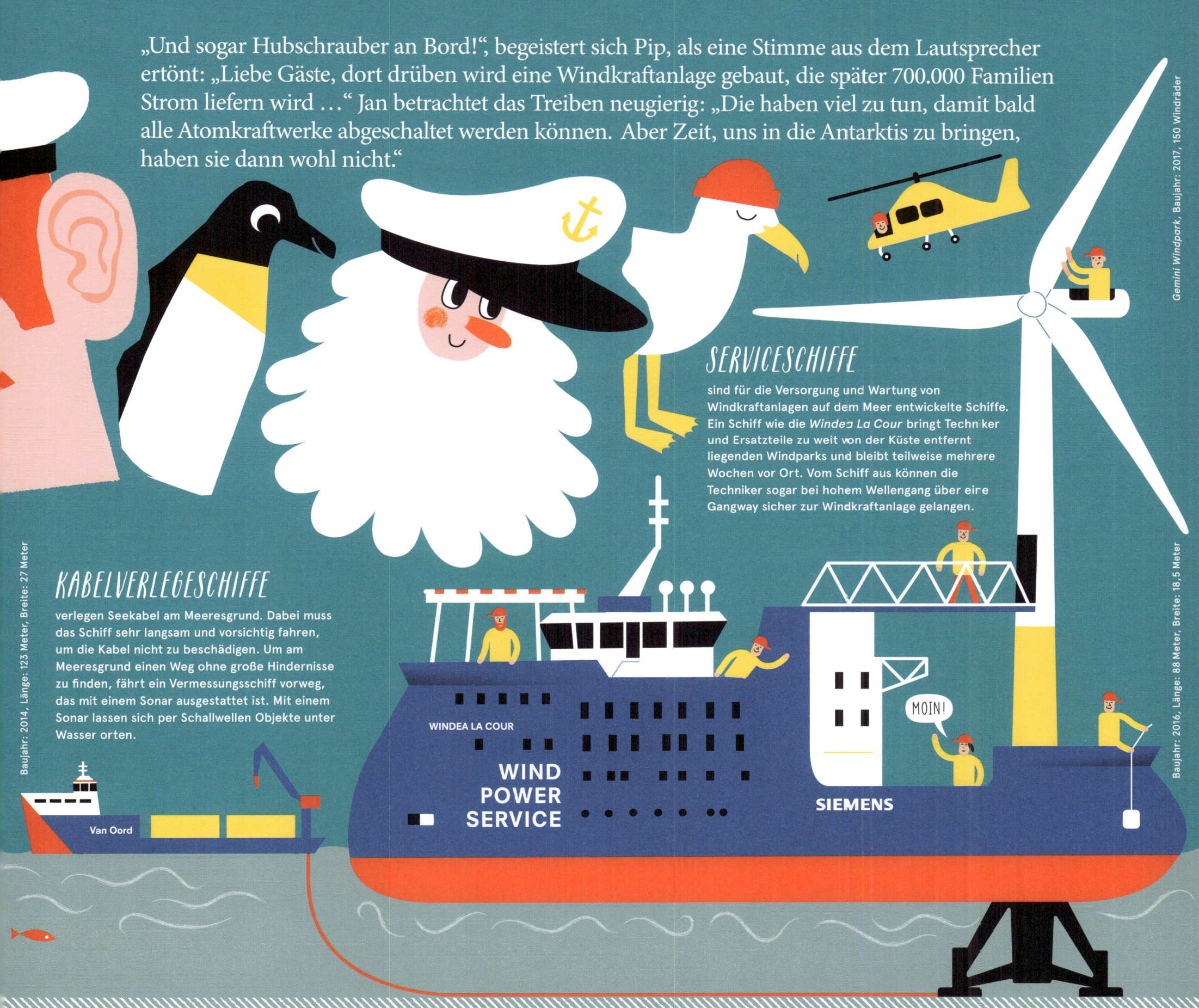

„Und sogar Hubschrauber an Bord!", begeistert sich Pip, als eine Stimme aus dem Lautsprecher ertönt: „Liebe Gäste, dort drüben wird eine Windkraftanlage gebaut, die später 700.000 Familien Strom liefern wird …" Jan betrachtet das Treiben neugierig: „Die haben viel zu tun, damit bald alle Atomkraftwerke abgeschaltet werden können. Aber Zeit, uns in die Antarktis zu bringen, haben sie dann wohl nicht."

Gemini Windpark, Baujahr: 2017, 150 Windräder

SERVICESCHIFFE

sind für die Versorgung und Wartung von Windkraftanlagen auf dem Meer entwickelte Schiffe. Ein Schiff wie die *Windea La Cour* bringt Techniker und Ersatzteile zu weit von der Küste entfernt liegenden Windparks und bleibt teilweise mehrere Wochen vor Ort. Vom Schiff aus können die Techniker sogar bei hohem Wellengang über eine Gangway sicher zur Windkraftanlage gelangen.

KABELVERLEGESCHIFFE

verlegen Seekabel am Meeresgrund. Dabei muss das Schiff sehr langsam und vorsichtig fahren, um die Kabel nicht zu beschädigen. Um am Meeresgrund einen Weg ohne große Hindernisse zu finden, fährt ein Vermessungsschiff vorweg, das mit einem Sonar ausgestattet ist. Mit einem Sonar lassen sich per Schallwellen Objekte unter Wasser orten.

Baujahr: 2014, Länge: 123 Meter, Breite: 27 Meter

Van Oord

WINDEA LA COUR

WIND
POWER
SERVICE

SIEMENS

MOIN!

Baujahr: 2016, Länge: 88 Meter, Breite: 18,5 Meter

TANKSCHIFFE

Ein Tankschiff oder auch Tanker ist ein Schiff, das flüssige oder gasförmige Ladung transportiert, häufig Öl, Flüssiggas, Chemikalien, Wasser, aber zum Beispiel auch Fruchtsaft. Viele Stoffe wie zum Beispiel Rohöl sind nur im warmen Zustand flüssig und werden deshalb während der ganzen Fahrt beheizt. Andere Stoffe wie zum Beispiel Gas sind nur im sehr kalten Zustand flüssig und werden deshalb gekühlt. Viele Tankschiffe und auch andere Schiffe, die für die Umwelt gefährliche Stoffe transportieren, haben eine doppelte Hülle, die meist zwei bis drei Meter stark ist, damit bei einem Unfall kein Gift ins Meer gelangt.

Baujahr: 2002, Länge: 205 Meter, Breite: 32 Meter

SCHWIMMENDE TANKSTELLEN

Binnentankschiffe versorgen die großen Schiffe im Hafen mit Kraftstoff und Schmierölen. Sie können wesentlich mehr Kraftstoff bunkern als ein Tankwagen, und durch die Betankung vom Wasser aus wird das Schiff beim Löschen seiner Ladung nicht gestört. Das weltweit größte Flüssiggas-Tankschiff, die 117 Meter lange *Kairos,* wurde vor Kurzem in Hamburg getauft und ist jetzt in Nord- und Ostsee im Einsatz.

FRUCHTSAFTTANKER UND KÜHLSCHIFF

Die Exoten unter den Tankern sind Fruchtsafttanker wie die *Carlos Fischer*, die Orangensaft aus Brasilien nach Europa befördert. Gleichzeitig gehört sie aber auch zu den Kühlschiffen, die verderbliche Lebensmittel wie Obst, Gemüse, Fisch und Fleisch transportieren. Heute werden solche Produkte häufig auch in speziellen Kühlcontainern auf normalen Containerschiffen befördert.

CARLOS FISCHER

Auf den Kanarischen Inseln verlassen die vier Freunde die *AIDAnova*. Und just in diesem Moment startet das Tankschiff *Carlos Fischer* – bis zum Rand gefüllt mit leckerem eisgekühlten Orangensaft. „Endlich frische Vitamine für die Pinguine am Pol!" Erst an Bord erfahren die vier Freunde, dass das Schiff auf dem Weg nach Deutschland ist, wo schon viele Kinder auf den Saft warten. Schade! Der Kapitän setzt sie auf der kleinen Insel La Gomera ab, wo sie im Hafen ein seltenes Schiff entdecken …

FORSCHUNGSSCHIFFE

Forschungsschiffe bieten Wissenschaftlern die Möglichkeit, an Bord Meeresforschung zu betreiben. Untersucht werden dabei zum Beispiel das Wasser, der Meeresboden, die Tierwelt, das Klima oder Überreste menschlicher Kulturen, die unter Wasser liegen. Einige Schiffe befahren alle Weltmeere, das Einsatzgebiet anderer Schiffe ist auf bestimmte Regionen wie Ost- und Nordsee beschränkt.

Das Forschungsschiff *Meteor* ist auf dem Weg in den Indischen Ozean und nimmt die vier ein Stück mit. „Hier wimmelt es ja von Fischen!", freut sich Pip. Als sie die Kapverden erreichen und in den kalten Atlantik springen, ist die Hitze fast vergessen. Die Forscher lassen Tauchroboter und andere Geräte zu Wasser.

Baujahr: 2014, Länge: 118 Meter, Breite: 20,5 Meter

DIE SONNE

Das neueste deutsche Forschungsschiff erforscht unter anderem den Klimawandel und die Verschmutzung der Meere.

TAUCHROBOTER

Der Tauchroboter *MARUM-Quest* wird zu Wasser gelassen. Er kann bis zu 4.000 Meter tief tauchen und dort filmen, fotografieren, messen und Proben sammeln.

KRÄNE UND WINDEN

Mit diesen Vorrichtungen können Forschungsgeräte und Tauchroboter zu Wasser gelassen werden.

GLEITER

Diese Messsonden können das Meer eigenständig bis zu einer Tiefe von tausend Metern erforschen und liefern permanent neue Messdaten.

DIE METEOR

Hamburg ist der Heimathafen dieses Forschungsschiffs, das keiner Firma, sondern dem deutschen Staat gehört. Die *Meteor* verfügt über eine umfassende Ausrüstung für wissenschaftliche Zwecke, wie zum Beispiel spezielle Labore und Messgeräte. Zusätzlich benötigtes Equipment wird bei jeder Expedition in Containern mit an Bord gebracht.

LANDER

Dieses unbemannte Forschungsgerät kann bis zu einer Tiefe von 6.000 Metern auf dem Meeresgrund abgesetzt werden.

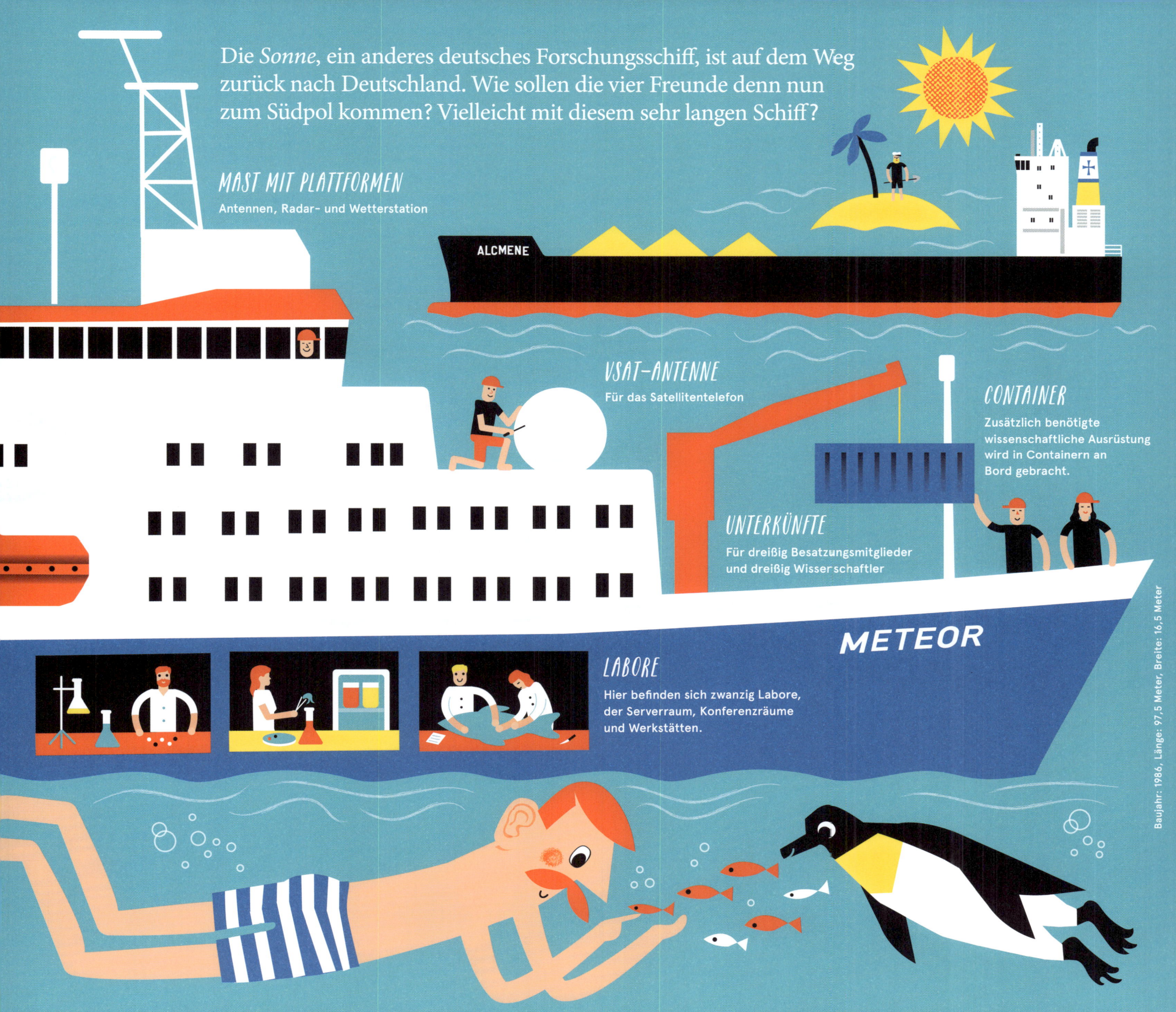

Die *Sonne*, ein anderes deutsches Forschungsschiff, ist auf dem Weg zurück nach Deutschland. Wie sollen die vier Freunde denn nun zum Südpol kommen? Vielleicht mit diesem sehr langen Schiff?

MAST MIT PLATTFORMEN
Antennen, Radar- und Wetterstation

VSAT-ANTENNE
Für das Satellitentelefon

CONTAINER
Zusätzlich benötigte wissenschaftliche Ausrüstung wird in Containern an Bord gebracht.

UNTERKÜNFTE
Für dreißig Besatzungsmitglieder und dreißig Wissenschaftler

LABORE
Hier befinden sich zwanzig Labore, der Serverraum, Konferenzräume und Werkstätten.

ALCMENE

METEOR

Baujahr: 1986, Länge: 97,5 Meter, Breite: 16,5 Meter

MASSENGUTSCHIFFE

werden auch Schüttgutschiffe genannt und transportieren lose und unverpackte Massengüter wie zum Beispiel Erz, Kohle, Zement oder Getreide. Der Schiffsrumpf dieser Schiffe ist eher rundlich und nicht so schnittig wie bei anderen Schiffen, denn es soll möglichst viel Ladung hineinpassen, während die Geschwindigkeit der Schiffe nicht ganz so wichtig ist. Die größten Schiffe dieses Typs können Hamburg wegen der geringen Wassertiefe von Elbe und Hafen nur anlaufen, wenn sie nicht voll beladen sind.

Die *Alcmene* holt Sand für Hamburger Kinderspielplätze von einer kleinen sandigen Strandinsel. „Ein Strand in der Antarktis! Das ist es! Kannst du uns mitnehmen?", fragt Pip den Kapitän. „Wenn ihr mir beim Beladen helft, fahre ich euch hin!" Jan und Jörn packen ordentlich mit an, und nun kann es weiter Richtung Südpol gehen.

Baujahr: 2010, Länge: 230 Meter, Breite: 38 Meter

ACHTUNG! SCHIFF KÖNNTE KENTERN ...

Da Schüttgut bei hohem Wellengang leicht verrutschen kann, haben diese Schiffe eine doppelte Hülle, die mit Meerwasser gefüllt wird und dem Schiff mehr Stabilität verleiht. Ein weiterer Vorteil: Wenn die Außenhaut des Schiffes durch einen Unfall beschädigt wird, schützt die zweite Haut das Schiff davor, dass Wasser ein- und Ladung austritt.

Nach tagelanger stürmischer Fahrt erreichen die vier Hamburger die eisige Antarktis. Pips Familie kann es kaum glauben: „Pip Pip Hurra! Unser Pip ist wieder da!" Am kältesten Ort der Welt findet heute die heißeste Party statt.

MIT DEM SCHIFF IN DIE ANTARKTIS?

Wenn es in Hamburg Sommer ist, ist es in der Antarktis Winter, manchmal bis zu minus 90 Grad kalt und oft sehr windig. Das Meer ist dann stark vereist, und es wird zu dieser Zeit am Tag nur ganz kurz hell. Jan und Jörn können wirklich von Glück sagen, dass sie es bis hierher geschafft haben.

PIP!

ALCMENE

EISBRECHER

sind so konstruiert, dass sie durch zugefrorene Meere oder Flüsse fahren können. Die Außenhaut ist besonders stabil und ihr Bug so gebaut, dass er Eis nicht nur bricht, sondern es über oder unter das Festeis schiebt und so eine freie Fahrrinne hinterlässt. Dafür braucht das Schiff natürlich einen starken Motor und viel Kraft.

EISKLASSEN

sind keine Schulklassen in der Antarktis. In Eisklassen teilt man Schiffe und Eisbrecher ein, je nachdem wie dick das Eis ist, das sie brechen können. Eisbrecher der höchsten Klasse sind zum Beispiel die atombetriebenen russischen Eisbrecher, die bis zu fünf Meter dickes Eis brechen können. Der fast neunzig Jahre alte Hamburger Dampf-Eisbrecher *Stettin* war auf Ostsee, Oder und Elbe unterwegs und konnte einen halben Meter dickes Eis, bei ständiger Fahrt und „mit Anlauf" auch noch viel dickeres Eis durchbrechen.

Baujahr: 1933, Länge: 52 Meter, Breite: 13 Meter

EISBRECHER

Oweia! Schon am nächsten Morgen ist die *Alcmere* im Eis festgefroren. Was für ein Glück, dass der Hamburger Eisbrecher *Stettin* in der Nähe ist und sie befreien kann, bevor das Schiff ganz festgefroren ist. Voll beladen machen sich beide Schiffe auf den Heimweg nach Hamburg. Die *Alcmere* mit köstlichem Antarktiseis und die *Stettin* mit einer Horde neugieriger Pinguine an Bord.

VORSICHT EISBERG!

Eisberge sind große Eisstücke, die von einem Gletscher abbrechen oder sich durch aufgetürmtes Packeis oder Eisschollen bilden. Noch heute kommt es öfter mal vor, dass Schiffe mit Eisbergen zusammenstoßen, denn der größte Teil des Eisbergs liegt unsichtbar unter Wasser.

SEEMANNSSCHNACK ...

Achtern hinten (hinterer Teil des Schiffes)

Backbord in Fahrtrichtung des Schiffes links

Ballast schwere, aber wertlose Ladung, die zur Stabilisierung des Schiffes dient

Barkasse Hafen-/Arbeitsschiff

Beiboot kleines Boot, das von einem größeren mitgeführt wird

Boje fest verankerter Schwimmkörper, der Grenzen, Ankerliegeplätze, Fahrrinnen usw. markiert

Brücke Kommandobrücke, Befehlszentrale für Kapitän und Offiziere auf einem Hochseeschiff

Bug Vorderteil/Spitze eines Schiffes, meist strömungsgünstig geformt

Bullauge rundes Fenster

Crew (engl.) die Schiffsmannschaft

Deck oberer Abschluss des Schiffsrumpfs

Dock verschließbares Hafenbecken, das leergepumpt werden kann, um ein eingefahrenes Schiff trockenzulegen

Feeder kleineres Frachtschiff, das Ladung zum Weitertransport zu größeren Frachtschiffen bringt oder dort abholt

Fischkutter kleinere Fischereifahrzeuge für die Küstenfischerei

Gangway Steg/Treppe, dient zum Ein-/Aussteigen (auch bei Flugzeugen)

Havarie Schiffsunglück, zum Beispiel Berührung des Meeresbodens oder Zusammenstoß, bei dem großer Schaden am Schiff entsteht

Heck hinteres Ende des Schiffes

Heimathafen Hafen, in dem ein Schiff zu Hause ist und wo es ins Schiffsregister eingetragen wurde

hieven heben, anheben, hochziehen

Kai künstlich befestigtes Ufer an Gewässern, wo Schiffe anlegen können

Kajüte Wohn-, Aufenthalts- oder Schlafraum auf Schiffen

Katamaran Boot mit zwei miteinander verbundenen Rümpfen

kentern wenn Schiffe sich seitwärts neigen und dann umkippen

Kiel unterster Teil eines Schiffsrumpfs

Kielwasser sichtbare Spur, die ein Schiff bei seiner Fahrt durch das Wasser hinterlässt

klar Schiff machen Reinigungs- und Aufräumarbeiten

Knoten Geschwindigkeitsmaß, 1 kn = 1,852 km/h

Kombüse Küche auf einem Schiff

Kompass Gerät zur Bestimmung der Himmelsrichtungen

Krähennest Plattform oder Korb am Schiffsmast, der als Ausguck dient (zum Beispiel bei Piratenschiffen)

Kreuzfahrt Urlaubsreise mit einem Passagierschiff

Ladegeschirr Anlagen zum Be-/Entladen eines Stückgutschiffs wie zum Beispiel Seile, Haken, Winden (bis vor etwa fünfzig Jahren Bestandteil von Schiffen)

Leine Seil, zum Beispiel Ankerleine, Schleppleine, Sorgleine

Leuchtfeuer Lichtsignale zur Navigation in der Schifffahrt

Lotse ortskundiger Experte, der an Bord kommt, um dem Kapitän bei schwierigen Passagen und Einfahrten in Häfen oder Kanäle zu helfen

Löschen Entladung eines Schiffes

Luke Decksöffnung auf einem Schiff

Navigation die „Kunst", ein Schiff (oder ein anderes Fahrzeug) zu steuern und sicher zum Ziel zu bringen

Pier ein Bauwerk in einem Hafen, das als Anlegestelle für Wasserfahrzeuge dient und meist rechtwinklig zum Kai ins Wasser hineinragt

Poller kurzer dicker Pfahl aus Metall oder Holz zum Festmachen eines Schiffes

Reederei Schifffahrtsunternehmen und Eigentümer eines oder mehrerer Schiffe

Reling Geländer an Deck eines Schiffes

Ruder Steuerruder am hinteren Ende des Rumpfes, mit dem sich die Richtung des Schiffes ändern lässt

Rumpf Schiff ohne die Aufbauten, also der schwimmende Teil des Schiffes

Schiffsschraube Propeller, der das Schiff antreibt

Seegang Wellen an der Oberfläche von Ozeanen und Meeren

Seenot wenn ein Wasserfahrzeug sich in einer gefährlichen Situation befindet, so dass der Untergang droht

Stapellauf Zu-Wasser-Lassen eines neuen Schiffs in der Werft

Steuerbord in Fahrtrichtung des Schiffes rechts

Takelage beim Segelschiff die feststehenden Masten und das Tauwerk, das die Masten hält

Trawler größeres Schiff für die Hochseefischerei

vertäuen Schiff mit Leinen an Land festmachen

Wasserlinie Berührungspunkt der Wasseroberfläche und der Bordwand eines schwimmenden Schiffes

Junius Verlag GmbH
Stresemannstraße 375
22761 Hamburg
info@junius-verlag.de
www.junius-verlag.de

© 2019 by Junius Verlag GmbH
Copyrights für Illustrationen und Text: Jan Kruse
Alle Rechte vorbehalten.

Illustration und Gestaltung: Jan Kruse
Printed in the EU

2., unveränderte Auflage 2025
ISBN 978-3-96060-511-9

Die Deutsche Nationalbibliothek – CIP Einheitsaufnahme
Bibliografische Information der Deutschen Nationalbibliothek
Die Deutsche Nationalbibliothek verzeichnet diese Publikation
in der Deutschen Nationalbibliografie; detaillierte bibliografische
Daten sind im Internet über http://dnb.dnb.de abrufbar.

DER AUTOR/ILLUSTRATOR

Jan Kruse betreibt am Rande des Hamburger Schanzenviertels das Design- und Illustrationsstudio Human Empire Studio und mit seiner Frau Wiebke den Human Empire Shop.

www.humanempire.com / www.humanempireshop.com